AF254036

NOTICE

SUR LE

MARQUIS DE LORAILLE

PAR

A. ROLLIN

Se vend 50 centimes au profit des Pauvres.

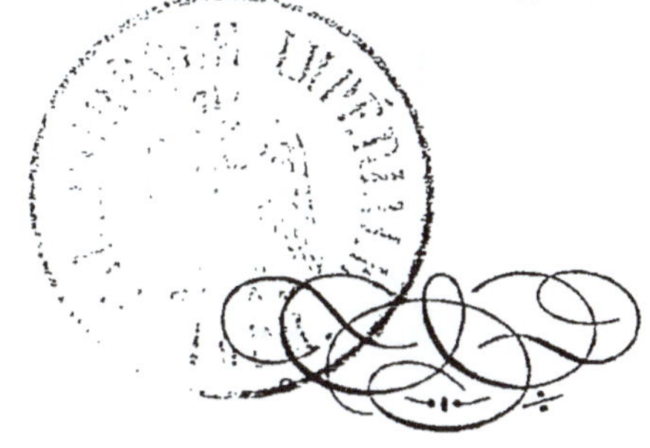

DIEPPE

IMPRIMERIE D'ÉMILE DELEVOYE

Rue des Tribunaux, 7

1866

INTRODUCTION.

Un festival musical, offert par la Société Philharmonique de notre ville, avec le concours de sociétés instrumentales et orphéoniques, doit avoir lieu le 14 janvier 1866. A ce festival, la belle Cantate composée par M. le marquis de Loraille, sur les paroles de M. P.-J. Feret, pour l'inauguration de la statue de Duquesne, doit être de nouveau exécutée par plus de deux cents amateurs (1).

Cette solennité artistique a ramené le désir, tant de fois et vainement exprimé, de connaître quelques détails sur le compositeur de l'œuvre dieppoise, qui fut applaudie par toutes les mains, que répétèrent toutes les voix, qui fit tant de bruit autour de nous, il y a une vingtaine d'années.

Lorsque le décès de M. de Loraille fut connu, on s'attendait à lire au premier jour une biographie remettant en mémoire celui qui avait rendu un hommage si harmonieux à notre célèbre compatriote Duquesne. Mais à part quelques lignes très-courtes lues dans des feuilles de biographies et de musique, rien depuis presque trois ans n'a encore paru. Les documents auront manqué, les manuscrits de M. de Loraille ayant été mis sous le scellé, ce qui a duré long-temps, et sa succession ayant donné lieu à un long procès.

Nous savons que M. P.-J. Feret a cherché de son mieux à

---

(1) C'est à l'intelligente initiative de M. J. Delahais, secrétaire-archiviste de la Société Philharmonique, qu'est dû le choix de la *Cantate Duquesne* dans les morceaux de ce festival. Nous lui en adressons publiquement nos vives félicitations.

donner quelques indications ; mais il ne connaissait que des parties détachées d'une œuvre nombreuse.

On s'est plusieurs fois adressé à nous pour combler cette lacune et rompre le silence persistant sur M. de Loraille. Nous avions toujours décliné l'honneur de traiter ce sujet ; nous espérions qu'une main plus capable tiendrait à retracer ce portrait. Cependant, devant l'actualité qui se présente, et sur les nouvelles instances d'une bienveillante amitié, nous n'hésitons plus aujourd'hui à coordonner et fixer nos souvenirs personnels. Nous livrons nos notes à la publicité, préparant ainsi peut-être une première étude pour servir au travail biographique que nous voudrions voir paraître sur M. de Loraille. Nous avons eu l'honneur d'être plusieurs fois son hôte, nous l'avons vu de près, et nous obéirons au sentiment d'une dette de reconnaissance dont le souvenir nous sera toujours cher.

Ce n'est pas au point de vue musical que nous essayons d'écrire cette notice ; ce soin appartient aux hommes spéciaux. C'est encore moins un travail littéraire. Par ce qui précède, on a pu voir ce qui nous guide. Nous offrons sans art, mais avec sincérité, aux biographes, des détails recueillis dans les relations de bienveillance que nous avons eues avec le laborieux et ingénieux auteur que l'histoire artistique de la Normandie réclame.

Dieppe, le 31 décembre 1865.

A. R.

NOTICE

LE MARQUIS DE LORAILLE.

Ainsi que nous l'apprennent les registres de l'état-civil de la commune d'Orbec (Calvados), Alain-Edouard Le Chartier de Loraille naquit en cette ville, le 8 avril 1790. Son père, messire Charles-Nicolas-Ambroise Le Chartier, chevalier de Loraille, était alors capitaine au régiment de Beaujolais ; il devint lieutenant-colonel du régiment de Condé, et fut chevalier de l'Ordre Royal Militaire de Saint-Louis.

Le nouveau-né eut pour parrain messire Nicolas-Louis de Pommeraye, écuyer, seigneur du Grand-Couronne, conseiller du Roy, maître en la Cour des comptes de Normandie, son grand-oncle maternel. — Sa marraine était dame Françoise de Guillaume, veuve de messire Louis-Pantaléon-Claude de Bouchié, chevalier de l'Ordre Royal Militaire de Saint-Louis, commandant de la tour du Havre. — L'abbé Bardel, curé d'Orbec, lui donna le baptême.

Le jeune de Loraille, par suite du décès ou de l'émigration de sa mère (noble dame Vestrouël de Beaupotier), fut élevé par les soins d'une tante, et l'on ignore ce que fut son adolescence. Mais on put reconnaître plus tard qu'il avait reçu une éducation des plus complètes, et que la science musicale s'était largement développée en lui.

Dans sa jeunesse, M. de Loraille fit partie des compagnies de mousquetaires de la maison du roi Louis XVIII (1). Il conserva toujours dans sa garde-robe l'uniforme qu'il avait porté.

Après le rétablissement de la paix, le chevalier de Loraille, son père, avait fait l'acquisition du château de Tocqueville-en-Caux, où il ne tarda pas à se fixer avec son fils. On croit que ce château avait appartenu avant l'émigration à Mme de

---

(1) Le corps des mousquetaires, rétabli en 1814, fut supprimé en 1815.

Penne, tante du jeune de Loraille. C'est là que nous le trouvons en 1849, année de la mort de son père.

Le décès de son oncle, frère aîné de ce dernier, l'avait mis en possession du titre de *marquis*, titre conféré, vers le commencement du xviiie siècle, à l'un de ses aïeux, dans la personne de Michel Le Chartier de Lothinière, seigneur de Loraille, en récompense de services dans les armées (1).

Devenu propriétaire du château de Tocqueville et de ses dépendances, le marquis de Loraille ne l'habita guère que pendant l'été. Il aimait à y occuper de nombreux ouvriers et passait de longues heures à perfectionner son talent sur le violon et à composer de la musique. Dans les autres saisons, il voyageait — en Normandie préférablement — et séjournait plus ou moins de temps dans une localité, suivant qu'elle lui plaisait davantage et qu'il y établissait quelques relations agréables.

Il fit aussi un voyage en Allemagne, où il assista, pour son instruction, à de grands concours de musique établis dès lors.

Au milieu d'une société de personnes d'élite, le marquis de Loraille brillait autant par la vivacité de son esprit que par la pétulance de son caractère. Gentilhomme parfait, élégant de tournure et plein de manières distinguées, il savait aussi faire preuve de connaissances très-étendues. — Il possédait un moyen irrésistible et peu commun de captiver : son violon le lui fournissait. L'art qu'il déployait sur cet instrument agissait comme une puissance invincible et l'on ne pouvait maîtriser le désir de l'entendre de nouveau. Aussi, peut-on affirmer que peu d'amateurs eurent le succès qu'il obtint dans certaines réunions privées.

Le goût musical du marquis de Loraille le portait surtout vers la composition, dont il connaissait toutes les règles. En donnant cours à son penchant, il écrivit une grande quantité de morceaux différents de style et de rhythme, pour piano, comme pour orchestre. Quelques-uns furent gravés, entr'autres *Olga*, grande valse pour piano, dédiée à une princesse russe. — Ce qu'il fit pour violon était surtout propre à son jeu éminemment vif et coloré, d'où l'on pour-

---

(1) Nous devons quelques-uns des détails qui précèdent à l'obligeance de M. L. Caullier de La Chesnaye, qui a bien voulu les mettre à notre disposition.

rait dire qu'il ne composait que pour lui. — Nous parlerons de ces compositions au fur et à mesure du sujet.

Le marquis de Loraille était doué d'une perspicacité qui le portait à juger avec sang-froid et sûrement une situation soudaine, imprévue : nous avons été à même de faire cette observation. D'un coup-d'œil, il reconnaissait si l'on pouvait apporter un soulagement ou une amélioration ; et, s'il lui était possible, il s'empressait de l'apporter. Ce sentiment instinctif, il en subissait lui-même les effets, et nous n'en pouvons citer un exemple plus frappant qu'en racontant sa tranquillité dans le fait qui détruisit une partie de sa fortune.

C'était en 1828, la nuit du Vendredi-Saint. On frappa à la porte de sa demeure à Dieppe, rue du Cœur-Couronné. Un domestique, attaché à sa propriété de Tocqueville, lui apportait une nouvelle terrifiante : la foudre avait frappé le château, qui était tout en feu.

M. de Loraille était à sa fenêtre lorsqu'il apprit ce désastreux sinistre. « — Eh ! bien, demanda-t-il, qu'a-t-on fait » pour éteindre les flammes ? — Mais rien, monsieur le » marquis, » répondit le domestique ; « on a dit que c'était » le feu du ciel, et qu'au jour où nous sommes il fallait le » laisser brûler. — Et tu es venu pour me dire cela ? » ajouta » le propriétaire sans s'émouvoir. « C'est bien ! entre te cou- » cher et nous verrons demain ce que nous ferons. »

C'est ainsi qu'il accueillit ce coup terrassant pour tout autre que pour lui. On aurait pu maudire la superstition des villageois, qui les portait à se croiser les bras devant l'incendie. M. de Loraille comprit qu'avec de tels gens il n'y avait qu'à laisser consumer la ruine.

On n'avait pas alors les moyens d'assurance dont on dispose aujourd'hui dans presque toutes les communes de France, et le marquis vit bien que tout le château était perdu. Effectivement, on s'était borné à précipiter par les fenêtres les meubles et objets qu'on avait pu saisir ; tout fut détruit ou détérioré par les flammes.

Ce château ne fut point rebâti ; le propriétaire se contenta d'approprier à son usage la partie qui échappa au désastre, et qui, auparavant, était affectée au personnel de ses domestiques. Ainsi restreint, il eut encore à sa disposition un salon, une salle à manger et plusieurs petites chambres à coucher au service de ses invités. La grande et belle cuisine au large manteau de cheminée n'avait pas été attaquée. — Il fit meubler le tout, et, suivant le goût de société qui était en lui, ce fut là que, plus tard, il donna réception cordiale à ceux qu'il aimait et à de nombreux artistes. — Mais quittons un instant cette habitation, où nous reviendrons avec le propriétaire.

En 1832, le marquis de Loraille se trouvait à Isigny (Calvados), pour l'acquisition de chevaux de luxe, dont il avait besoin ; un domestique l'accompagnait. Celui-ci était habile à donner du relief à son maître ; aussi dans un hôtel produisait-il toujours son effet, lorsqu'en livrée il se plaçait derrière lui, à table d'hôte, le servant d'une manière aristocratique qui attirait l'attention. L'urbanité, qualité naturelle du marquis, le portait à préférer une réunion de personnes dans laquelle il pouvait aisément briller, et peut-être, intérieurement, sa vanité se trouvait-elle flattée des moyens que son domestique employait pour cela.

Après le repas, qui venait d'avoir lieu, tous les convives s'entretinrent du noble étranger et de la fortune qu'on pouvait lui attribuer. Mais bientôt des sons harmonieux se font entendre ; le marquis était remonté à la chambre qu'il occupait et avait saisi son violon ; c'étaient les accents mélodieux de cet instrument qui arrivaient aux oreilles des personnes dont le maître avait lui-même frappé l'imagination. Ce fut comme par attraction qu'on se glissa jusqu'à la porte entr'ouverte de la chambre, d'où s'échappaient des sons inconnus jusque-là dans la petite ville d'Isigny. D'autres curieux du dehors s'étaient joints à ceux de l'hôtel ; on en vint à se faire voir en foule au violoniste, en le suppliant de continuer le charme qu'il avait fait éprouver : ce à quoi il se prêta de la meilleure grâce du monde, car il était ravi, et, nous l'avons dit, il était homme de bonne compagnie et accessible à la louange.

Le lendemain, des invitations à dîner étaient adressées à M. le marquis de Loraille par les habitants les plus distingués de la ville ; on briguait l'honneur de l'avoir chez soi. Enfin, son séjour, projeté pour peu de temps, se prolongea et ne dura pas moins d'un mois. Il laissa un souvenir de sa présence qu'on ne doit pas avoir oublié, dans cette localité où il fut fêté et admiré.

Le marquis de Loraille possédait vraiment une âme d'artiste ; elle le portait à sympathiser avec tout ce qui se présentait à ses yeux sous le patronage du talent. Son caractère généreux lui faisait envisager avec chaleur telle position qui s'offrait à lui sous l'aspect heureux ou malheureux. Il n'était pourtant pas enthousiaste, mais il ne pouvait être insensible. Aussi ne manquait-il pas de recevoir bon nombre de visiteurs qui le connaissaient de réputation, et qui se recommandaient à toute sa bienveillance.

S'il put recevoir chez lui ou admettre à sa table, comme il le désirait, des artistes de mérite comme MM. Max Bohrer, Litz, Artot, Lhuillier, chanteur comique ; M. et Mme Milhès, Dacosta, Orlowski, Albert Sowinski, Lafont, Ole Bull, Franchomme, Robberechts, Mlles Dulkens, Bertucat et la célèbre Térésa Milanollo, — pour laquelle spécialement il composa un air varié qui obtint un grand succès sur le violon de la jeune et éminente artiste, — etc., etc., s'il put donner cette satisfaction à son cœur, disons-nous, il eut, comme beaucoup d'autres, le regret d'avoir obligé aussi des ingrats.

M. de Loraille se faisait un véritable plaisir de donner ses conseils en musique, aimant beaucoup à être consulté. Dans certaines circonstances, il se fit presque professeur par amour de l'art. Il se trouva heureux d'avoir à guider des jeunes gens qui devaient faire leur carrière dans l'enseignement musical ; plus que tout autre il était apte à initier à toutes les ressources du violon. Ses leçons, dont il était prodigue avec abnégation, devaient fortifier ceux qui les recevaient. Autant qu'il le put il ne les épargna jamais, et son désintéressement n'avait pas d'égal.

En 1835, à Dieppe, une jeune artiste, qui n'était pas sans talent sur le violon, se présenta, accompagnée de son père, pour être aidée par le marquis, dont la maison était notée, comme nous venons de le dire, pour la protection qu'on était sûr d'y trouver. Un concert, dans les conditions ordinaires, n'avait pas chance de réussite à l'époque où l'on se trouvait ; c'eût été folie de le tenter. M. de Loraille mit obligeamment son salon à la disposition de Mlle Neumann et organisa lui-même les détails d'une soirée dont il fit tous les frais. Il fit concourir au programme plusieurs amateurs de chant et d'instruments, et Mlle Neumann emporta une recette plus réelle que celle qui fût venue d'une audition dans le salon des Bains chauds.

M. de Loraille s'était lié intimement avec M. J. Billotey, alors lieutenant-secrétaire-archiviste de place à Dieppe, lequel jouait aussi le violon. Il avait pris en affection la jeune fille de M. Billotey, chez laquelle il avait reconnu les plus belles espérances en musique comme en littérature. Par son éducation personnelle, le marquis de Loraille pouvait développer le goût qui se révélait chez Mlle Elisa, et c'est peut-être sous cette influence qu'elle livra, si jeune encore, à la publicité, en 1834, un petit volume de nouvelles intitulé : *Quoi? tout ce qu'il vous plaira ;* et, peu de temps après, un autre ouvrage ayant pour titre : *L'Agent de change.*

Avec les conseils de M. de Loraille, Mlle Billotey composa encore plusieurs airs variés pour piano, et des romances, paroles et musique ; nous en connaissons de gravées. Elle lança aussi sur le théâtre de Dieppe une pièce en deux actes, que la jeunesse et l'inexpérience de l'auteur ne purent faire accepter. — Mlle Elisa Billotey fut emportée par la mort à la fin d'octobre 1834 ; elle était âgée de dix-huit ans !

Ce fut vers 1842 que le marquis de Loraille cessa d'habiter Dieppe, pour se fixer entièrement, hiver comme été, à sa campagne de Tocqueville-en-Caux ; ce qui ne l'empêcha pas de venir souvent à Dieppe, surtout pendant l'été, attiré qu'il était par les concerts qui se donnaient journellement à l'Etablissement des Bains. La fréquentation de ces concerts amena M. de Loraille à se lier intimement avec M. Paquis, qui dirigea l'orchestre du Casino pendant plusieurs années.

A Tocqueville, M. de Loraille entreprit de faire exécuter toutes sortes de travaux pour l'embellissement de son parc, qu'il fit d'abord enclore de planches. Puis, il traça lui-même les sentiers nouveaux, qui devaient traverser les bosquets, fit édifier des maisons rustiques d'un charmant aspect, et montrait avec orgueil les hêtres séculaires qui formaient les avenues de l'ancien château. — Il répandit une grande quantité d'essences d'arbres qui récréait délicieusement la vue ; enfin, il fit de ce parc le complément d'une habitation princière, en y faisant creuser un étang, en même temps qu'un puits voisin, pour servir à son alimentation, au moyen d'une machine élévatoire, mue par un cheval, mais dont le service dura peu de temps. L'eau du puits arrivait en cascades jail-

lissantes à travers de gros coquillages symétriquement disposés, et descendait dans le bassin. Avec les terres retirées
du creusement, on avait élevé un monticule d'où le regard
dominait une partie du paysage environnant. Au centre de la
pièce d'eau, et comme posée sur les lotus et les nénuphars,
s'élevait une petite île boisée, dans laquelle était, comme
perdue, l'une des maisonnettes dont nous avons parlé. On
arrivait à cette île par un pont rustique jeté sur l'une et
l'autre rive. Des deux bords très-escarpés descendaient des
lianes, qui s'entremêlaient aux lierres, aux ronces, aux pervenches et à une quantité de fleurettes dont le sol était couvert. Un léger esquif flottait sur le lac et il arrivait parfois
que des invités de M. de Loraille montaient cette nacelle le
soir; alors, à la cadence des rames, se mariaient des chants
qui poétisaient ces heures nocturnes.

Nous ne pouvons résister au souvenir plein de charmes
qui nous entraîne en revoyant encore par la pensée ce lieu
féerique où nous avons goûté de si douces joies. — C'était
un bien agréable séjour que ce parc où les fleurs croissaient à
profusion. Dans la saison printanière, les lilas blancs, bordant un des chemins, semblaient une vaste draperie, disposée
exprès pour annoncer l'approche de l'été. Dans le même temps
les jonquilles parfumées inclinaient leurs têtes au-dessus de
l'herbe des jardins anglais. Dans un endroit de cet immense
parterre, au bord d'un petit bassin circulaire peuplé de
poissons rouges, les narcisses pleins de senteur, les seringats odorants et les glaïeuls azurés, fleurissaient comme
par enchantement. Enfin, décorant les espaliers, les platesbandes et les massifs, toutes sortes de roses s'épanouissaient,
comme une tapisserie de mille beautés. Sous l'influence
de cette puissante végétation, de cette admirable nature, que
l'art embellissait encore, on devinait la baguette magique du
maître de ces lieux. — Nous avons vu arriver de loin, exprès
pour visiter ce parc, des personnes qui ne regrettaient pas
leur voyage.

M. le marquis de Loraille exerça les fonctions de maire de
Tocqueville-en-Caux pendant plusieurs années, à partir de
1843, et il s'y fit remarquer par la capacité qu'il possédait en
administration ainsi qu'en toutes choses.

Comme propriétaire, la commune lui doit de nombreux
bienfaits, que les pauvres seuls pourraient proclamer; car il

eut aussi ses jaloux qui cherchaient à étouffer tout ce qui émanait de lui.

A Tocqueville, il s'occupa aussi de l'élève du cheval, et tels étaient ses succès dans tout ce qu'il entreprenait, qu'à ce sujet, en 1846, la *Société centrale d'Agriculture de Rouen*, lui décerna une médaille d'argent.

C'est dans la résidence que nous avons décrite plus haut, que le marquis de Loraille convia, pendant plusieurs années, la plus grande partie du personnel de l'orchestre des Bains, que dirigeait, comme nous l'avons dit, M. Paquis, premier cor du théâtre des Italiens. Le marquis s'était affectueusement lié avec cet artiste, dont il avait apprécié le talent hors ligne et les qualités inestimables. M. Paquis fit plusieurs fois exécuter par l'orchestre du Casino des morceaux de musique de la composition de M. le marquis de Loraille. — C'était à la clôture de la saison des Bains qu'une vingtaine des artistes de cet orchestre se rendaient à Tocqueville, où les attendait une réception des plus flatteuses. D'autres invités prenaient place aussi à la table splendidement servie, pour cette circonstance, dans un vaste bâtiment à usage de serre et disposé à cet effet. Nous y avons compté jusqu'à quarante convives. C'était la fête de l'amitié avec le concours des arts. — Après le festin on faisait de la musique pendant une partie de la nuit. — Le lendemain on parcourait le parc dans tous les sens, et l'on ne quittait Tocqueville qu'en emportant les plus doux souvenirs de cette demeure, dont les dispositions extérieures étaient somptueuses et grandioses comme celles d'un domaine de souverain.

En 1844, M. de Loraille avait été mis en rapport, par des membres de la Société Philharmonique de Dieppe, avec notre aimable et érudit compatriote, M. P.-J. Feret. L'inauguration prochaine de la statue de Duquesne en fournit l'occasion. On sait, en effet, que M. P.-J. Feret fut chargé d'écrire la cantate qui devait être chantée, et que M. de Loraille en composa la musique. — Cette œuvre collective, solennellement exécutée à son jour, nous est restée comme une belle page apprise par cœur et qu'on n'oublie jamais. C'est un monument à la fois littéraire et musical pour notre cité. M. P.-J. Feret y suivait les vieux chants des rois de la mer du Nord, avec la langue même de Duquesne, et M. de Loraille y renouvelait la musique sévère de la vieille cantate. Nous ajouterons que ce monument est aussi devenu artistique par l'illustration que lui a donnée M. A. Feret, professeur de dessin, aujourd'hui décédé. Le frère de M. P.-J. Feret, tout aussi dieppois que son aîné, a voulu perpétuer le souvenir de la fête d'inauguration de la statue de Duquesne par une composition remarquable et historique, encadrant les paroles de la cantate. Cette œuvre, rendue ensuite par la chromo-lithographie, était un hommage filial de M. A. Feret à son pays ; elle a été éditée par M. A. Marais, libraire, et forme une belle planche toujours recherchée.

Lors de la fête d'inauguration, le 22 septembre 1844, la musique du 1er d'infanterie légère, dirigée par M. Bousquier, avait exécuté, avec la musique de la garde nationale, l'accompagnement de la cantate. Il avait été facile à ce chef exercé de reconnaître tout le parti qu'on en pouvait tirer pour la musique militaire. Bientôt, en effet, le compositeur réduisait sa partition pour en faire une *Marche*, que plusieurs régiments exécutèrent avec succès. — En 1845, le roi Louis-Philippe l'entendit au château d'Eu, pendant le séjour qu'il y faisait : l'auteur y assistait. — Cette même année, M. le marquis de Loraille nous en donnait des nouvelles par les lignes suivantes, datées de Tocqueville : « ..... Bousquier m'écrit » une lettre des plus aimables et m'assure que la *Marche* pro-» duit un très-grand effet. On la joue à Brest et tout le monde » la trouve fort jolie. »

Cette marche fut aussi plusieurs fois exécutée par la musique de la garde nationale de Dieppe, et il est à regretter qu'elle ait disparu de son répertoire, où sa place était marquée comme un chant patriotique et dieppois.

M. de Loraille avait bien voulu accepter le titre de président honoraire de la Société philharmonique de Dieppe, qui lui fut offert. Il confia à la section chorale de cette Société le chœur-prière de son opéra le *Paria*, qui fut chanté dans dans un concert.

Dans une autre soirée, on entendit de lui un *chœur de Chasseurs*, chanté par les mêmes amateurs.

La section instrumentale de la Société philharmonique exécuta aussi (de M. de Loraille) l'*ouverture* de son opéra *Zingara*, composition dont les difficultés sont au-dessus des forces d'un petit orchestre. — Ces différentes partitions sont inédites, comme une grande partie de sa musique. — Ainsi, le marquis de Loraille est encore auteur d'un ouvrage important traitant de l'harmonie (l'*Harmonie à la portée de tous*) resté jusqu'ici à l'état de manuscrit. — M. Edouard Frère, dans son *Manuel du Bibliographe normand* (2 vol. in-8°. Rouen, 1860), indique le traité dont nous parlons, lorsqu'il cite M. de Loraille.

Il avait aussi composé des quatuors pour violons, alto et violoncelle, qu'il avait dédiés au roi de Hollande, qu'il savait grand amateur de musique et musicien lui-même.

L'auteur de la partition de notre chant national résolut de faire graver la *Cantate* avec accompagnement pour piano.

Cette gravure fut pour lui un commencement de tribulations, une dépense d'argent, et la cause d'un procès motivé sur la mauvaise exécution de ce travail mal compris par celui que M. de Loraille avait chargé du soin des épreuves.

Nous avons déjà dit que l'habitation du marquis de Loraille était fréquentée souvent par des artistes toujours sûrs d'y trouver une parfaite hospitalité. Au moment où il était question de faire graver la *Cantate Duquesne*, son auteur avait chez lui M. Hipp. Lebas, peintre en paysage, lequel fit à Tocqueville un séjour assez prolongé, en peignant des tableaux dont les sujets lui étaient offerts par différents sites dont il s'inspira. M. Hipp. Lebas composa le frontispice qui devait orner la première page, servir de préface à la *Cantate*. Il avait dessiné deux sujets ; ce fut le second qui fut préféré par lui et par M. de Loraille. Il fut lithographié : on sait qu'il représente Duquesne debout sur un rocher abrupte, dominant la scène et acclamé par le peuple. Le premier dessin signé par M. Hipp. Lebas et qui ne lui convint pas assez est resté entre nos mains, l'auteur ayant bien voulu nous l'offrir.

On s'étonnera avec raison que la ville de Dieppe n'ait pas pris elle-même l'initiative de la gravure de la cantate, œuvre si éminemment dieppoise et qui avait déjà du retentissement. L'administration municipale d'alors n'était pas novatrice. Si on lui eut dit qu'il était convenable de le faire, elle l'eût fait ; mais personne ne lui en suggéra l'idée. Exemple : si lors du banquet de la fête d'inauguration on n'eût pas fait observer à l'administration combien il était regrettable que M. le marquis de Loraille n'eût pas été invité, ce convive n'eût pas reçu l'honneur auquel il avait un droit particulier à plus d'un titre.

Le compositeur de la cantate continuait ses relations avec M. P.-J. Feret, si digne de le comprendre ; et il fut plus tard convenu entre eux que celui-ci versifierait des légendes locales, prises alternativement dans la croyance des vieux matelots et dans les récits des habitants de la campagne, que M. de Loraille mettrait en musique. De ce projet, on connaît le *Bateau noir*, qui fut beaucoup chanté à Dieppe. Il y eut aussi les *Baigneuses*, tirée de l'*Histoire des Bains* (P.-J. Feret, 1856) ; mais ce chant est moins connu.

Au milieu des désagréments et des embarras qu'éprouva le marquis de Loraille, ayant pour cause la publication de la *Cantate Duquesne*, survint le commencement du mal dont il souffrit jusqu'à sa mort. Vers la fin de 1845, il ressentit les premières douleurs de la goutte, et, le 2 janvier 1846, voici ce qu'il nous écrivait de Tocqueville : « . . . . . J'ai été pris
» d'une vigoureuse angine que, fort heureusement, grâce à
» de nombreux gargarismes, j'ai fait avorter mardi matin.
» Mais, hélas ! mon purgatoire, ou plutôt mon enfer, n'était
» pas près d'être à terme. Je suis repris depuis mercredi de
» la goutte dans les deux pieds, avec la même intensité que
» la première fois. Vraiment je ne sais quand cela finira ;
» mais, en vérité, il faut que j'aie commis bien des péchés
» dans ma vie, car mon martyre se compose d'une cou-
» ronne d'épines bien piquantes. Enfin, je le répète, je ne
» sais quand cela finira... Je désire que cette année com-
» mence mieux pour vous et votre famille que pour moi. La
» santé, voilà votre trésor ; et, en effet, on vit heureux avec
» elle quand on est riche ; quand on ne l'est pas, avec elle
» seule on peut le devenir. — Adieu, je vous quitte, car je
» suis déjà très-fatigué d'écrire ce peu de mots.... »

Par la spirituelle affabilité de cette lettre, on peut juger de ce qu'était celui dont nous retraçons quelques phases d'existence. On voit que dès cette époque, début de ses souffrances, la santé du marquis de Loraille était gravement ébranlée. Cependant, lorsque les attaques de goutte étaient passées, il redevenait aussi alerte qu'auparavant ; et jamais, à le voir marcher, on ne lui eût donné les deux tiers de son âge.

Ce fut vers 1850 qu'il prit la résolution de passer les hivers à Rouen, qu'il a toujours habité depuis, en proie quelquefois, pendant de longues semaines, à ses atroces douleurs. A chaque retour de la belle saison, il revenait à Tocqueville, d'où il se rendait à Dieppe tous les ans, vers la fin de l'automne, pour passer un jour ou deux avec M. P.-J. Feret, dont il était heureux de cultiver l'amitié.

Mais le mal faisait des progrès de plus en plus sensibles sur M. de Loraille. Aussi un dépérissement physique se remarquait-il en lui dans les derniers temps de sa vie. C'est à Rouen qu'il est décédé, le 23 mai 1863, à l'âge de 73 ans; il repose dans le cimetière de Tocqueville, avec les cendres de son père.

M. le marquis de Loraille n'ayant pas d'héritiers directs, a légué, nous a-t-on dit, toute sa musique et ses compositions, inédites pour la plupart, à M. Paquis, qui, nous n'en doutons pas, saura en tirer le meilleur parti pour l'art et pour la mémoire du donateur.

Dans son *Nobiliaire de Normandie,* M. E. de Magny décrit ainsi qu'il suit le blason de la famille Le Chartier de Loraille : d'azur à une fasce alesée d'or, accompagnée en chef de deux perdrix du même, et en pointe d'un tronc d'olivier, feuillé de chaque côté de trois feuilles aussi d'or. — Couronne : de marquis.

Nous nous estimons heureux de posséder un portrait de M. de Loraille, qui nous fut offert par lui. Et, bien que ce ne soit qu'une épreuve au daguerréotype, nous la conserverons toujours précieusement.

M. de Loraille se faisait gloire de porter le nom d'*Alain Chartier :* il est probable que cette descendance, venue du vieux poète, qui contribua au progrès de notre langue et sur qui repose la jolie anecdote de Marguerite d'Ecosse, a dû inspirer au poète musicien quelque chose digne de notre Normandie et des ballades de l'illustre Normand.

Puisse sa mémoire, dans l'art musical, être associée à celle qui entoure le nom d'Alain Chartier, dans la poésie française.

CHANT NATIONAL, A DUQUESNE.

HOMMAGE A LA VILLE DE DIEPPE.

— 1844. —

Musique d'ALAIN CHARTIER, Marquis DE LORAILLE.

Paroles de Mr P.-J. FERET.

1.

Il naquit sur notre rivage,
Dieppe, rends grâce à ton destin,
Dans son jeune cœur le courage
N'attendit pas un long matin.
Guidé par son père il s'élance,
Son vaisseau fend les flots amers.
Tremblez, ennemis de la France,
Voici le souverain des mers !
Les guerriers d'Albion
Devant son pavillon,
Malgré leur nombre oublieront leur audace ;
« Baisse-le, » criaient-ils,
Lui, fronçant les sourcils,
Comme un lion, bondit sous sa cuirasse,
Et dit : « il coulera
Ou bien il flottera,
Bravant dans l'air l'outrageuse menace :
Au large, Anglais, sinon
La bouche du canon
Vous jettera ma dernière raison ! »

L'aquilon déchaîné sur l'onde,
Le torrent écumeux qui gronde
Sont moins prompts, moins forts que son bras.
Chantons Duquesne et ses combats.

2.

Non loin de la plage italique
La gloire attend notre amiral ;
De l'Etna le cratère antique
A nos vaisseaux sert de fanal,

Fiers Espagnols, rudes Bataves,
Vous êtes ligués contre nous ;
Serez-vous fermes quoique braves,
Contre les traits de son courroux ?
Ces mâts demi-coulés,
Ces cadavres brûlés,
Tous ces débris de hunes, de carènes,
Et ces tristes drapeaux
Qui traînent dans les eaux,
Sanglants, tombés de leurs poupes hautaines,
Ruyter expirant,
Sur un ponton errant,
Au gré du flot, sans voiles, sans antennes,
Voilà de son courroux
Les formidables coups,
O jour ! ô jour de deuil de pleurs pour vous !

L'aquilon déchaîné sur l'onde,
Le torrent écumeux qui gronde
Sont moins prompts, moins forts que son bras.
Chantons Duquesne et ses combats.

3.

Pour nous jour glorieux ! l'Histoire,
Dans un médaillon triomphal,
A grands traits grave la Victoire,
Debout sur un cippe rostral.
La foudre brille dans la nue,
Autour du bronze on lit ces mots :
Près d'Augusta flotte vaincue
Son chef perd l'empire des flots.
Il poursuit ses exploits,
Pour la première fois,
Sortant des flots la bombe avec furie,
Au loin en mille éclats,
Va semer le trépas,
Farouche Alger, de ta piraterie
Reçois le prix tardif,
Et toi chrétien captif
Tu reverras le ciel de ta patrie.
Sur ce bord attristé
Par la captivité,
Accours, accours, joyeuse liberté !

L'aquilon déchaîné sur l'onde,
Le torrent écumeux qui gronde
Sont moins prompts, moins forts que son bras.
Chantons Duquesne et ses combats.

4.

Chantez cette douce victoire,
Peuples chrétiens, chantez, chantez ;
Sur ce front qu'ennoblit la gloire,
Du ciel appelez les bontés.
Oui, du ciel ! ce héros austère,
S'arrête au chemin des honneurs ;
Pour garder la foi de son père,
Il fuit la Cour et les grandeurs.

Sous ces longs cheveux blancs,
Malgré le poids des ans,
Toujours debout ce géant des batailles,
Sous leurs palais de rois,
Fait trembler les Génois,
Leur doge altier bien loin de ses murailles,
Abaissant sa hauteur,
Dépouillé de splendeur
Vient étonner les salons de Versailles,
Et les peuples divers,
Jusqu'aux bords des déserts,
Ont salué le souverain des mers !

Astre brillant, astre de gloire,
Conduis encore à la victoire
Nos matelots et nos soldats.
Chantons Duquesne et ses combats.

5.

La France a dit : de l'esclavage
Détruisons le repaire affreux,
Vois, soldat, ce lointain rivage
Que le jour couvre de ses feux ;

Sous ce beau ciel la barbarie
D'un sol heureux fait des déserts,
Et sur cette terre flétrie
Pour tes frères forge des fers.

Fier soldat plante ma bannière,
Sur les arides monts d'Alger,
Sur ces bords la nature entière,
T'attend, mon fils, t'attend pour la venger.

Tu vas trembler rive africaine
Sous les coups d'un nouveau Duquesne,
C'est Duquesne qu'on voit encor
Devant Tanger et Mogador.

Dieppe — Em. DELEVOYE, imprimeur.